Mobilekarten

Gruß- und Glückwunschkarten kann man immer gebrauchen, ob zu Geburtstag, Hochzeit, Jubiläum oder einfach mal so; Familie, Freunde und Bekannte freuen sich über gute Wünsche. Leider werden die originellen Ideen aber irgendwann knapp.

Mit einer Mobilekarte basteln Sie nicht einfach nur eine gewöhnliche Karte, sondern ein kleines Kunstwerk. Besonders schön ist es, wenn man die Karten persönlich überreicht. Dann kann man miterleben, wie der 3D-Effekt beim Hochziehen der Karte den Empfänger überrascht. Aber auch im Briefumschlag lassen sich die Karten problemlos verschicken.

Mobilekarten lassen sich jedem Anlass anpassen und sind mit einfachen Materialien herzustellen. Der Phantasie sind keine Grenzen gesetzt!

Viel Spaß beim Schneiden, Malen und Kleben!

Die Motive lassen sich in folgende Schwierigkeitsgrade unterteilen:

● ○ ○ einfach ● ● ○ etwas schwieriger ● ● ● anspruchsvoll

WICHTIGE ARBEITS-MATERIALIEN UND WERKZEUGE

Folgende Werkzeuge und Hilfsmittel sollten Sie zur Hand haben. Sie werden bei fast jedem Modell benötigt und in den Materiallisten nicht mehr gesondert aufgeführt.

- harter und weicher Bleistift
- Radiergummi, Anspitzer
- Transparentpapier
- Schere
- Skalpell mit geeigneter Schneideunterlage
- Zirkel
- Lineal oder Geodreieck®
- Klebefilm
- Klebstoff (Flüssigkleber)
- wasservermalbare Buntstifte
- Filzstifte in verschiedenen Farben und Stärken
- weißer Lackmalstift
- Nähnadel
- Nähgarn in verschiedenen Farben

Hinweis: Als „Rest" wird immer ein Stück bezeichnet, das maximal A5 groß ist.

So wird's gemacht

Alle Karten haben das gleiche Aufbauprinzip: Sie bestehen aus einer Grundfläche und einem Oberteil (Mobileteil), das an einer kleinen Lasche hochgezogen werden kann, sodass ein 3D-Effekt sichtbar wird.

Vorlagen übertragen

1 Die Vorlagen mit Bleistift auf Transparentpapier durchpausen und die Linien auf der Rückseite mit einem weichen Bleistift nachmalen. Das Transparentpapier auf dem Karton platzieren und die Linien mit einem harten Bleistift nachziehen, sodass sie sich auf den Karton übertragen.

2 Die Vorlagen der Mobileteile können ebenso übertragen werden, es geht aber auch einfacher: Eine Fotokopie der Vorlage oder die abgepauste Vorlage grob ausschneiden und mit Klebefilm auf dem Karton befestigen. Die Teile dann durch die Vorlage hindurch ausschneiden.

Mobileteil anfertigen

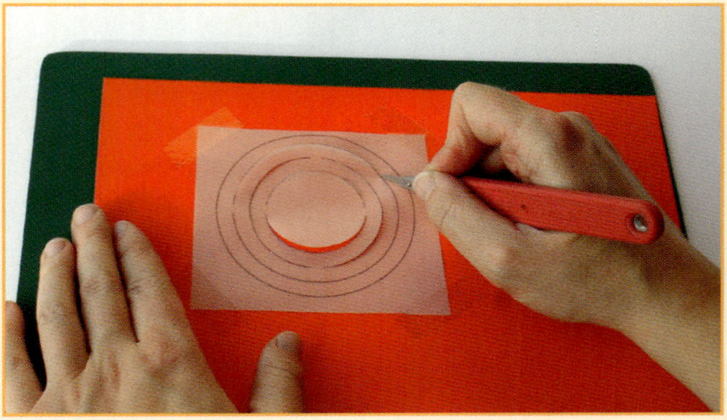

1 Die 3D-Teile von innen nach außen mit dem Skalpell ausschneiden. Keinesfalls sollte eine stumpfe Klinge oder ein grobes Cuttermesser benutzt werden, da die Rundungen nur mit einer feinen, scharfen Klinge gut gelingen. Anschließend prüfen, ob alle Linien komplett geschnitten sind und ggf. nachschneiden. Auf keinen Fall das Papier reißen, sonst entstehen unschöne Kanten.

2 Zum Zusammenkleben einzelner Mobileteile und zum Befestigen auf der Grundfläche die Klebeflächen (in den Vorlagenzeichnungen als kleine Quadrate eingezeichnet) mit Flüssigkleber bestreichen und mit Büroklammern oder Wäscheklammern fixieren. Warten, bis der Klebstoff getrocknet ist, dann erst die Klammern vorsichtig lösen und weiterarbeiten.

Mit wasservermalbaren Buntstiften bemalen

1 Die Motive vor dem Ausschneiden mit Buntstiften bemalen und die Farben mit einem feuchten Pinsel verwischen. Dabei entweder die Farben ineinander laufen lassen oder jede Farbe einzeln verwischen und antrocknen lassen, um ein Verlaufen zu vermeiden.

2 Vor dem Trocknen mit den Buntstiften oder nach dem Trocknen mit weißem Lackmalstift oder schwarzem Filzstift Details aufmalen. Die Motive ausschneiden, umdrehen und von hinten ebenso bemalen. Dabei kann sich das Papier leicht wellen. In diesem Fall die Motive nach dem Trocknen zwischen zwei dicken Büchern flach pressen.

Aufhängen der Motivteile

Jeweils ein Stück Faden an einem Ende verknoten und mit der Nadel oben mittig durch die Motive fädeln. Bis zum Knoten durchziehen und in gewünschter Länge abschneiden. Die Enden mit Flüssigkleber auf die Unterseite des entsprechenden Mobileteils kleben. Dabei beachten, dass das Mobileteil in der Regel in der Mitte weiter nach oben gezogen wird. Hier sollten die Fäden daher länger sein. Nach dem Trocknen die Längen überprüfen (hierzu das Mobileteil probeweise hochziehen), evtl. korrigieren und überstehende Fadenenden abschneiden.

Blumenkranz

→ ein kunterbunter Blütengruß

KARTENGRÖSSE
ca. ø 20 cm

MATERIAL
- Tonkarton in Grün, 2 x A4
- Tonkartonrest in Weiß
- Tonpapierreste in verschiedenen Farben
- Motivlocher: Gänseblümchen, ø 1,5 cm und 2,5 cm

VORLAGEN-BOGEN 1A

1 Für die Grundfläche mit dem Zirkel einen Kreis mit einem Durchmesser von 20 cm auf grünen Tonkarton zeichnen und ausschneiden. Für den Blütenkranz 24 große und 24 kleine Blüten mit den Motivlochern aus den Tonpapierresten ausstanzen und jeweils eine kleine und eine große Blüte aufeinander kleben. Mithilfe der Vorlage 16 kleine Blätter in verschiedenen Grüntönen ausschneiden. Die Blüten und die Blätter am Rand der Grundfläche aufkleben.

2 Aus dem weißen Tonkartonrest nach Vorlage mit dem Skalpell einen Ring ausschneiden und anschließend mit Glückwünschen beschriften. Den Kranz mittig auf die Grundkarte kleben und evtl. mit ein paar ausgestanzten Blüten schmücken. Die Mitte der Karte mit einer großen und drei kleinen Blüten sowie zwei kleinen Blättern gestalten.

3 Das Mobileteil mithilfe der Vorlage wie im allgemeinen Anleitungsteil beschrieben aus Tonkarton ausschneiden. Die Lasche des Mobileteils herstellen. Dazu den Stängel von der Vorlage auf hellgrünes Tonpapier übertragen, ausschneiden und auf beiden Seiten mit einer großen roten Blüte und einer kleinen weißen Blüte bekleben. Den Stängel durch den Schlitz in der Mitte des Mobileteils stecken, an der Markierung umknicken und festkleben.

4 Für die frei hängenden Motivteile fünf große und zehn kleine Blüten ausstanzen und zusätzlich drei große Blätter mithilfe der Vorlage ausschneiden. Die großen Blüten auf beiden Seiten mit einer kleinen Blüte bekleben. Alle Teile einzeln mit grünem Nähgarn auffädeln, in verschiedenen Längen abschneiden und am Mobileteil ankleben (siehe Seite 3). Zuletzt das Mobileteil an den markierten Klebeflächen auf die Grundkarte kleben (siehe Seite 3) und mit acht kleinen Blüten verzieren.

UND GUTE
ZUM

Hochzeitstorte

→ von Herzen alles Liebe

KARTENGRÖSSE
ca. ø 20 cm

MATERIAL
- Aquarellkarton oder Tonkarton in Weiß, 50 cm x 70 cm
- Buntstift in Gold

VORLAGEN-BOGEN 1A

1 Für die verschiedenen Tortenebenen vier Kreise mit dem Zirkel aufzeichnen und ausschneiden: ø 8 cm, ø 14 cm und 2 x ø 20 cm. In den kleinsten Kreis mithilfe der Vorlage zwei Schlitze für das Brautpaar schneiden. Das Brautpaar auf das Aquarellpapier oder den Tonkarton übertragen, aber noch nicht ausschneiden.

2 Die vier Kreise und das Brautpaar mithilfe der Vorlagen wie abgebildet mit wasservermalbaren Buntstiften und goldenem Buntstift gestalten (siehe auch Seite 3). Beim zweitkleinsten Kreis die Namen des Brautpaars in die Mitte schreiben. Nach dem Trocknen das ausgeschnittene Brautpaar mit den Klebelaschen durch die Schlitze des kleinsten Kreises stecken, die Laschen an den gestrichelten Linien umknicken und festkleben.

3 Mithilfe der Vorlagen insgesamt drei große, drei mittlere und fünf kleine Ringe zuschneiden. Nun von unten nach oben die Kreisflächen und die Ringe zusammenkleben. Dazu einen großen Ring auf die eingezeichneten Klebeflächen des untersten Kreises kleben und mit Wäscheklammern fixieren. Den nächsten Ring so auf den ersten kleben, dass die Klebeflächen um 90 Grad zu den vorausgehenden Klebeflächen versetzt sind, und ebenfalls mit Wäscheklammern fixieren. Den dritten Ring ebenso versetzt anbringen und fixieren, dann die nächste Kreisfläche nach dem gleichen Schema an zwei Klebestellen auf dem letzten Ring befestigen. Dabei darauf achten, dass die Texte jeweils in die gleiche Richtung zeigen.

4 Die mittlere und die obere Tortenebene wie in Punkt 3 beschrieben arbeiten – die mittlere Ebene mit drei Ringen, die obere mit fünf. Dabei darauf achten, dass die Ringe immer mittig auf die Kreise geklebt werden. Alles gut trocknen lassen, dann vorsichtig die Wäscheklammern entfernen.

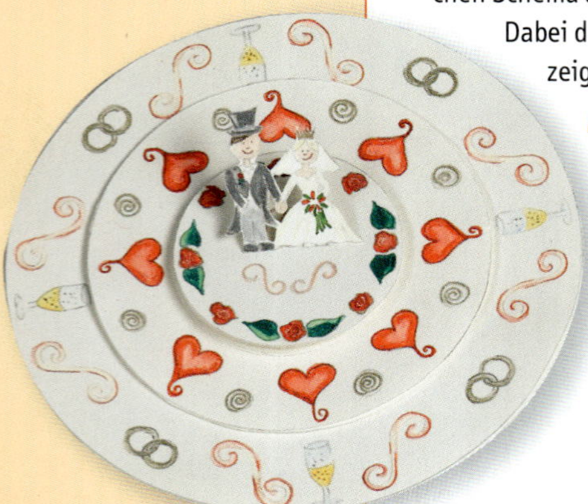

Martin
wir wünschen
von
Herzen
alles Liebe
Hochzeit!

Herzliche Grüße

→ zum Geburtstag oder einfach so

KARTENGRÖSSE
ca. 25 cm x 20 cm

MATERIAL
- Motivkarton in Weiß mit Herzen in Rot, Rosa und Gelb, A4
- Tonkarton in Rot, A4
- Tonpapierreste in Lila, Rosa und Orange

VORLAGEN-BOGEN 1B

1 Für das Mobileteil das Herz mit den Schnittlinien vom Vorlagenbogen auf den roten Tonkarton übertragen, entlang der Schnittlinien mit dem Skalpell einschneiden und die Herzform ausschneiden. Das fertig geschnittene Mobileteil auf den Motivkarton legen, den Umriss nachzeichnen und die Grundkarte ausschneiden.

2 Das mittelgroße Herz aus lilafarbenem Tonpapier ausschneiden, mit „Herzliche Glückwünsche" beschriften und in die Mitte der Grundkarte kleben. Das Herz mit Lasche und insgesamt sieben kleine Herzen aus Tonpapier ausschneiden. Die kleinen Herzen auf beiden Seiten mit guten Wünschen beschriften.

3 Die Lasche des Herzes durch den Schlitz in der Mitte des Mobileteils stecken, umknicken und festkleben. Die kleinen Herzen mit rotem Nähgarn auffädeln und von unten in verschiedenen Längen an das eingeschnittene Mobileteil kleben (siehe Anleitung auf Seite 3). Nach dem Trocknen das Mobileteil am äußeren Rand auf die Grundkarte kleben.

Tipp: Diese Karte eignet sich auch gut als Hochzeitskarte. Hier können die hängenden Herzen z. B. mit „Ich liebe Dich" in verschiedenen Sprachen beschriftet werden. Aber auch jede andere Botschaft, die von Herzen kommt, kann mit dieser Karte übermittelt werden.

ALLES LIEBE
VIEL
ALLES GUTE
Glückwünsche
VON HERZEN

Blumenvase

→ originelles Geldgeschenk

KARTENGRÖSSE
ca. 20 cm x 20 cm

MATERIAL
- Motivkarton mit Kieselsteinen, A4
- Tonkarton in Weiß, 3 x A4
- Tonkartonreste in Grau, Hell- und Dunkelgrün
- Klarsichtfolienrest (z. B. Laternenfolie, 0,25 mm stark)
- 3 Geldscheine

VORLAGEN-BOGEN 1B

1 Aus Motivkarton ein 20 cm x 20 cm großes und aus grauem Tonkarton ein 14 cm x 14 cm großes Quadrat ausschneiden. Das graue Quadrat mittig auf den Motivkarton kleben. Für die Blumenvase aus weißem Tonkarton und aus der Folie je einen Kreis mit ø 12 cm ausschneiden. In den Kreis aus Folie in der Mitte einen 8 mm langen Schlitz einschneiden.

2 Acht Ringe nach Vorlage ausschneiden. Den ersten Ring an den Klebestellen (kleine Quadrate) auf den weißen Kreis kleben und mit Wäscheklammern fixieren. Den nächsten Ring um 90 Grad gedreht mit den Klebstellen auf den ersten Ring kleben und fixieren. So mit den Ringen fortfahren, bis nur noch einer übrig ist. Diesen Ring flächig auf den Kreis aus Folie kleben.

3 Die Blumenstängel und Blätter ausschneiden. Die drei Geldscheine von einer Schmalseite zur anderen wie eine Ziehharmonika falten, in der Mitte zusammenfassen und mit etwas Nähfaden fixieren. Die Enden auffalten und mit etwas Klebefilm aufeinander kleben, sodass Blumen entstehen. Die Blumen mit Nähgarn oben an den Stängeln befestigen. Dazu mit der Nadel durch einen der eingezeichneten Punkte durchstechen, den Faden um die Mitte der Blume führen, durch den zweiten Punkt zurückstechen und die Fadenenden auf der Rückseite verknoten.

4 Bei den frei hängenden Blumen am oberen Ende der Stängel jeweils einen Faden anknoten und mit der Nadel von unten nach oben durch den Kreis aus Folie stechen. Die Fadenlängen so anpassen, dass die Blumen leicht versetzt untereinander hängen (siehe Foto). Die Fadenenden verknoten und ggf. mit etwas Klebstoff fixieren. Die dritte Blume mit der Lasche von oben durch den Schlitz in der Folie stecken, an der Markierung umknicken und festkleben.

5 Die zwei Blätter und den kleinen Stängel mittig auf den Tonkartonkreis (Boden der Vase) und diesen auf das graue Quadrat kleben. Zuletzt den obersten Ring mit der Folie und den Blumen um 90 Grad versetzt mit den Klebestellen auf den obersten Ring der Vase kleben und mit Wäscheklammern fixieren. Gut trocknen lassen.

Gold- und Silberhochzeit

→ richtig edel

KARTENGRÖSSE
ca. 20 cm x 13 cm

MATERIAL GOLDENE HOCHZEIT

- Motivkarton mit Rosen in Champagner, A5
- Tonkarton in Gold, A4
- Tonpapierrest in Beige
- Buchs-Girlande mit Drahteinlage, 25 cm lang

SILBERNE HOCHZEIT

- Motivkarton mit Rosen in Rot, A5
- Tonkarton in Silber, A4
- Tonpapierrest in Rot
- Buchs-Girlande mit Drahteinlage, 25 cm lang

VORLAGEN-BOGEN 1B

1 Das Mobileteil und die 50 bzw. die 25 aus goldenem bzw. silbernem Tonkarton ausschneiden. Das fertig geschnittene Mobileteil auf den Motivkarton legen, den Umriss nachzeichnen und die Grundkarte ausschneiden.

2 Das kleine Oval aus Tonpapier ausschneiden, mit Glückwünschen beschriften und in die Mitte der Grundfläche kleben.

3 Für die Lasche mithilfe der Vorlage eine Rose aus dem Motivkarton ausschneiden. Die Lasche durch den Schlitz in der Mitte des Mobileteils stecken, umknicken und festkleben. Die Buchs-Girlande zu einem Kreis (ca. ø 7,5 cm) biegen und die Enden miteinander verdrehen, damit sie sich nicht lösen.

4 Die 50 bzw. die 25 mit gelbem bzw. grauem Nähgarn in den Buchskranz hängen (siehe Skizze auf dem Vorlagenbogen) und den Kranz am Mobileteil rechts und links neben dem Schlitz der Lasche festkleben (siehe Seite 3). Das Mobileteil an den Klebeflächen (kleine Quadrate) auf die Grundfläche kleben und zum Trocknen mit Wäscheklammern fixieren.

25
Die besten
zur
Silberhochzeit
Hochzeit

Einladung zur Grillparty

→ Heiß und lecker!

KARTENGRÖSSE
ca. ø 20 cm

MATERIAL
- Fotokarton in Grün, A4
- Tonkartonreste in Schwarz, Silber, Hellgrün, Grau und Weiß

VORLAGENBOGEN 2A

1 Für die Grundfläche mit dem Zirkel einen Kreis mit ø 20 cm auf den grünen Fotokarton zeichnen und ausschneiden. Mithilfe der Vorlagen das Rasenteil, den Grillrost, die Griffe, das Grillgut, das Mobileteil, die Kohlestücke und das runde Teil mit der Glut ausschneiden.

2 Die Kohlen der Glut und die einzelnen Kohlestücke mit Buntstiften weiß und rot bemalen. Das Grillgut wie abgebildet mit verschiedenen Brauntönen bemalen und die Farben mit einem feuchten Pinsel vermalen (siehe Seite 3).

3 Sieben Kohlestücke zur Seite legen, die restlichen in die Mitte der Glut kleben. Dabei die Kohlestücke etwas übereinander schichten, so wie bei einem echten Grill. Den Kreis mit der Glut und den Kohlen in die Mitte des Mobileteils kleben. Das Rasenteil mittig auf der Grundkarte anbringen und das Mobileteil mit Flüssigkleber darauf fixieren.

4 Nun die sieben Kohlestücke mit der Nadel auf graues Nähgarn fädeln (siehe Seite 3) und in verschiedenen Längen von unten an den Grillrost kleben. Das Grillgut oben auf dem Grillrost anbringen. Die große Wurst als Griff in der Mitte anbringen. Dazu die Klebelasche durch den Schlitz stecken, umknicken und von unten festkleben.

5 Die zwei Griffe rechts und links an den Grillrost kleben und diesen flächig auf den größten Kreis des schwarzen Grillkörpers (Mobileteil) kleben. Zuletzt mit dickem Filzstift „Einladung zur Grillparty" auf die Grundkarte schreiben.

Tipp: Den Einladungstext mit den Details, wann und wo die Grillparty stattfindet, können Sie auf die Unterseite der Karte schreiben.

EINLADUNG ZUR GRILLPARTY
EINLADUNG ZUR GRILLPARTY

Zum Schulanfang

→ frech gestreifte Schultüte

KARTENGRÖSSE
ca. ø 21 cm

MATERIAL
- Motivkarton in Bunt gestreift, A3
- Tonkarton in Rot, A4
- Tonpapier- oder Aquarellkartonrest in Weiß
- Seidenpapier in Gelb, 50 cm x 70 cm
- Schleifenband in Rot, 1 cm breit, ca. 50 cm lang

VORLAGENBOGEN 1A

1 Mit dem Zirkel einen Kreis mit ø 21 cm auf den Motivkarton zeichnen und ausschneiden. Den Ring für die obere Abschlusskante der Schultüte aus Motivkarton, das Mobileteil aus rotem Tonkarton zuschneiden. Zusätzlich für den Verschluss einen 25 cm breiten und 70 cm langen Streifen aus Seidenpapier anfertigen.

2 Den äußersten Ring des Mobileteils mit Klebstoff einstreichen. Den Seidenpapierstreifen von innen mit einer langen Seite anlegen und rundum festkleben. Dabei das Seidenpapier in kleine Fältchen legen. Die Klebefläche nochmals rundum mit Klebstoff einstreichen und den Motivkartonring darüber kleben, sodass die Klebefläche verdeckt wird. Gut trocknen lassen, dann das Seidenpapier in der Mitte zusammenfassen und mit dem Schleifenband zusammenbinden.

3 Die kleinen Motive vom Vorlagenbogen auf weißes Ton- oder Aquarellpapier übertragen und wie abgebildet mit wasservermalbaren Buntstiften bemalen. Die Farben mit einem feuchten Pinsel verwischen. Nach dem Trocknen die Motive ausschneiden und die Rückseiten ebenfalls bemalen.

4 Das kleine Buch auf einer Seite mit guten Wünschen beschriften (z. B. „Alles Gute zum Schulanfang"), auf die andere Seite den Namen des Kindes schreiben. Die übrigen fünf Motive mit Nadel und Faden in gleichmäßigen Abständen an die untere Kante des Buches hängen und festknoten. Die Brezel sollte in der Mitte hängen und den längsten Faden haben, sodass sie unten in der Spitze der Schultüte baumelt.

5 Das kleine Buch an zwei Fäden aufhängen und von unten am Seidenpapier festkleben. Zuletzt noch den kleinsten Kreis des Mobileteils (Spitze der Schultüte) mittig auf die Grundkarte kleben und gut trocknen lassen.

Tipp: Für Jungs sieht diese Karte auch mit Seidenpapier in Blau oder Grün sehr schön aus.

Gute zum
Schul an- fang
HAUS- AUF- GA- BEN

Zum 18. Geburtstag

→ Endlich volljährig!

KARTENGRÖSSE
ca. ø 17 cm

MATERIAL
- Tonkarton in Orange, 2 x A4
- Tonkartonreste in Weiß, Hellblau, Rot, Braun, Hell- und Dunkelgrün
- Motivkarton in Gelb mit bunten Quadraten, A5

VORLAGENBOGEN 2B

Text: alles Liebe, viel Sonnenschein, einen schönen Tag, viele Grüße, herzlichen Glückwunsch, alles Gute, viel Glück, gute Gesundheit, leckeren Kuchen

1 Den großen Kreis für die Grundfläche, den kleinen Kreis (Strich-Punkt-Linie), die runde Lasche und das Mobileteil aus orangefarbenem Tonkarton zuschneiden. Den mittleren Kreis (gepunktete Linie) aus Motivkarton ausschneiden. Die Flasche aus dunkelgrünem Tonkarton anfertigen, das Etikett, den Wahlzettel und das Sektglas aus weißem, das Auto aus rotem, die 18 aus hellgrünem, das Schildchen aus blauem und das Paragraphen-Zeichen aus braunem.

2 Die Grundfläche und die ringförmige Lasche am Rand entlang mit schwarzem Filzstift beschriften (Text siehe linke Spalte und Abbildung). Auf den kleinen orangefarbenen Kreis „Happy 18th Birthday" schreiben. Den kleinen Kreis auf den Motivkartonkreis und diesen auf die Grundfläche kleben.

3 Die Klebefläche der ringförmigen Lasche durch den Schlitz in der Mitte des Mobileteils stecken, umknicken und von unten festkleben. Die frei hängenden Motivteile auf beiden Seiten mit einem feinen schwarzen Filzstift beschriften bzw. konturieren. Das Etikett in der Mitte falten und um die Sektflasche kleben. Das Sektglas mit Bleistift und gelbem Buntstift bemalen.

4 Die Motivteile mit der Nadel auf rotes oder orangefarbenes Nähgarn auffädeln und in verschiedenen Längen von unten an das Mobileteil kleben (siehe Seite 3). Nach dem Trocknen das Mobileteil an den eingezeichneten Klebestellen (kleine Quadrate) auf der Grundfläche befestigen.

Tipp: Die Karte sieht auch in anderen Farben wie zum Beispiel einem hellen Blau sehr schön aus. Wählen Sie doch einfach die Lieblingsfarbe des Geburtstagskindes!

ALLES GUTE ZUM GEBURTSTAG!
HAPPY 18th BIRTHDAY
GUTE GESUNDHEIT o LECKEREN KUCHEN o ALLES LIEBE o VIEL SONNENSCHEIN o EINEN SCHÖNEN TAG o VIELE
ALLES GUTE ZUM GEBURTSTAG
LECKEREN KUCHEN o GUTE GESUNDHEIT
ALLES GUTE o VIEL

Ein runder Geburtstag

→ 20 plus 20 macht 40!

KARTENGRÖSSE
ca. 25 cm x 15 cm

MATERIAL
- Tonkarton in Orange und Weiß, A4
- Tonkartonreste in Hellgelb, Dunkelgelb, Orange, Rot und Bordeaux

VORLAGEN-BOGEN 1B

1 Die ovale Grundfläche aus weißem, das Mobileteil aus orangefarbenem Tonkarton ausschneiden. Die Lasche, zweimal die Zahl 20 sowie 28 große und zwölf kleine Kerzen aus Tonpapier zuschneiden. So sind auf der Karte insgesamt 40 Kerzen, noch schöner sieht es allerdings aus, wenn wie hier auf der Abbildung noch mehr kleine Kerzen eingehängt werden.

2 Die großen Kerzen mithilfe der Vorlage auf die Grundfläche der Karte kleben. Die Dochte und Flammen mit schwarzem und gelbem Filzstift aufmalen. Die Mitte des Kerzenkranzes mit Glückwünschen beschriften.

3 Die vier Kerzen der Lasche mit Filzstiften gestalten, die Klebefläche durch den Schlitz im Mobileteil stecken, umknicken und von unten festkleben. Die kleinen Kerzen ebenfalls mit Filzstiften bemalen und mit gelbem Nähgarn in verschiedenen Längen von unten an das Mobileteil kleben (siehe Seite 3).

4 Für die doppelte 20 die Zahlen gespiegelt aneinander kleben, sodass sie sich nur wenige Millimeter überschneiden. Die obere 20 mittig auffädeln und mit dem Faden in der Mitte des Mobileteils befestigen. Das fertige Mobileteil an den eingezeichneten Klebeflächen (kleine Quadrate) auf die Grundfläche kleben.

Tipp: Die Karte kann ganz einfach variiert und an das jeweilige Alter des Geburtstagskindes oder Jubilars angepasst werden. Sie können zum Beispiel eine andere Farbe für die Grundkarte und das Mobileteil wählen. Statt der doppelten 20 können Sie auch eine 40 (siehe Vorlagenbogen) oder jede andere Zahl einhängen. Die Anzahl der hängenden Kerzen dann einfach entsprechend anpassen.

20
Herzlichen
zum
40. Geburtst

Weltkugel

→ Gute Reise!

KARTENGRÖSSE
ca. ø 17 cm

MATERIAL
- Fotokarton in Hellgrün, A4
- Aquarellkarton in Weiß, 2 x A4
- Tonkartonrest in Hellblau

VORLAGEN-BOGEN 2B

1 Für die Grundfläche einen Kreis mit ø 17 cm auf grünen Fotokarton zeichnen und ausschneiden. Den Ring aus Tonkarton ausschneiden, ringsum mit guten Wünschen für die Reise beschriften und auf die Grundfläche kleben.

2 Die Weltkarte mithilfe von Transparentpapier (siehe Seite 2) auf den Aquarellkarton übertragen und die Linien nochmals mit Bleistift nachziehen. Die Landflächen mit wasservermalbaren Buntstiften grün, das Wasser blau schraffieren. Dann die Farben mit einem feuchten Pinsel vermalen. Dabei sieht es schön aus, wenn die Farbflächen mal etwas heller und mal etwas dunkler sind. Die Weltkarte wirkt dadurch plastischer.

3 Für den unteren Teil der Erdkugel einen Kreis mit ø 17 cm auf den Aquarellkarton zeichnen und diesen mit wasservermalbaren Stiften und feuchtem Pinsel nach Belieben mit Grün- und Blautönen bemalen. Nach dem Trocknen die Vorlage für das Mobileteil auf beide Erdhälften übertragen (siehe Seite 2) und die Linien einschneiden – den mittleren Schlitz nur in die obere Hälfte der Weltkugel!

4 Die restlichen Motivteile auf Aquarellkarton übertragen, auf beiden Seiten mit Bleistift und wasservermalbaren Buntstiften bemalen und ausschneiden (siehe Seite 3). Den Flugzeugrumpf einschneiden und den Flügel in den Schlitz stecken. Die Klebefläche durch den Schlitz in der oberen Hälfte der Weltkugel stecken, umknicken und von unten festkleben. Die restlichen Motive mit Nähgarn von unten am oberen Mobileteil befestigen (siehe Seite 3). Die beiden Mobileteile an den eingezeichneten Klebeflächen aufeinander kleben (kleine Quadrate) und die Mitte des unteren Teils mittig auf die Grundfläche kleben.

GUTE REISE • GUTE REISE • GUTE REISE • GUTE REISE • GUTE REISE
PASSENGER
PASSENGER

Happy Halloween

→ Jetzt wird's gruselig!

Karte mit Spinne

1 Das Mobileteil aus schwarzem Tonkarton ausschneiden und mit weißem Buntstift oder Lackmalstift auf die Zwischenräume der Schnitte feine Linien als Spinnennetz aufmalen. Das Mobilteil auf den Motivkarton legen, den Umriss nachzeichnen und die Grundkarte ausschneiden.

2 Sieben verschiedene Halloween-Motive aus den Motivkartonresten ausschneiden, auf schwarzes Nähgarn auffädeln und von unten an das Mobileteil kleben (siehe Seite 3). Zusätzlich eine Spinne mit Klebelasche ausschneiden, die Lasche in den Schlitz des Mobileteils stecken, umknicken und von unten festkleben. Das Mobileteil (Spinnennetz) an den markierten Klebeflächen (kleine Quadrate) auf die Grundfläche kleben.

Kürbiskarte

1 Die Grundfläche aus Motivkarton, die Mobileteile, das Kürbisgesicht und den Stielansatz aus Tonkarton ausschneiden. Das untere Mobileteil (mit großem Kreis in der Mitte) mit „Happy Halloween" beschriften. Das runde Teil des

KARTENGRÖSSE

Karte mit Spinne ca. ø 14 cm

Kürbiskarte ca. ø 17 cm

MATERIAL KARTE MIT SPINNE

- Tonkartonrest in Schwarz
- Motivkartonrest in Schwarz-Weiß-Orange mit Spinnen, beidseitig bedruckt
- Motivkartonreste in Schwarz-Weiß-Orange mit Halloween-Motiven, beidseitig bedruckt

KÜRBISKARTE

- Tonkarton in Orange, A4
- Motivkartonrest in Schwarz-Orange mit Kürbissen
- Tonkartonreste in Grün und Schwarz

VORLAGENBOGEN 2B

WEITERFÜHRUNG

Happy Halloween

Stielansatzes einschneiden und so auf das obere Mobileteil kleben, dass die Schlitze exakt übereinander liegen. Den Stiel mit weißen Linien bemalen, die Klebelasche durch den Schlitz stecken, umknicken und von unten ankleben.

2 Das Kürbisgesicht auf Nähgarn auffädeln und von unten an das obere Mobileteil kleben. Dazu Mund und Nase untereinander an einem Faden in der Mitte aufhängen. Die Augen rechts und links davon befestigen. Das untere Mobileteil in der Mitte auf die Grundfläche kleben, das obere Mobileteil an den eingezeichneten Klebeflächen (kleine Quadrate) auf dem unteren anbringen.

Schneemann

→ gar nicht frostig

KARTENGRÖSSE
ca. 26 cm x 19 cm

MATERIAL
- Tonkarton in Weiß, 2 x A4
- Tonkartonreste in Orange und Schwarz
- Motivkartonrest in Blau-Weiß mit Schneekristallen

VORLAGENBOGEN 2 A

1 Die Eisscholle aus Motivkarton, die Mobileteile je zweimal aus weißem Tonkarton ausschneiden. Beim kleinsten Teil nur in einen Kreis einen Schlitz einschneiden. Rübennase, Zylinder, Augen, Mund und sechs Knöpfe aus Tonkarton ausschneiden und mit weißem Buntstift oder Lackmalstift verzieren.

2 Die Klebelasche des Zylinders durch den Schlitz des obersten Mobileteils stecken, umknicken und von unten festkleben. Die Augen und den Mund auf schwarzes Nähgarn fädeln (siehe Skizze auf dem Vorlagenbogen) und rechts und links neben dem Zylinderschlitz festkleben (siehe Seite 3).

3 Jeweils drei Knöpfe untereinander auffädeln und in der Mitte eines der mittleren und eines der großen Mobileteile anbringen. Nach dem Trocknen die jeweils gleich großen Mobileteile an den eingezeichneten Klebeflächen aufeinander kleben. Dabei darauf achten, dass die Knöpfe und das Gesicht zwischen den Mobileteilen liegen.

4 Die unterste Schneekugel in der Mitte auf die Eisscholle kleben, die mittlere Kugel darauf anbringen und zuletzt die kleine Kugel mit dem Zylinder mit Klebstoff fixieren. Die Karottennase direkt über einer Klebefläche am äußeren Rand des obersten Mobileteils aufkleben.

Tipp: **Wenn Sie keinen Motivkartonrest mit Schneekristallen zur Hand haben, können Sie die Eisscholle beispielsweise auch aus silberfarbenem Fotokarton zuschneiden.**

Weihnachtsbaum

→ mit vielen kleinen Kugeln

KARTENGRÖSSE
ca. ø 21 cm

MATERIAL
- Motivkarton in Rot mit Sternen in Gold, A4
- Tonkarton in Grün, A4
- Tonkartonreste in Gold und Rot
- Schleifenbandreste in Grün und Rot

VORLAGEN-BOGEN 1B

1 Für die Grundfläche einen Kreis mit ø 21 cm auf den Motivkarton aufzeichnen und ausschneiden. Das sternförmige Mobileteil, die Christbaumkugeln, den Stern mit Klebelasche und die drei kleinen Geschenke aus Tonkarton ausschneiden. Die Geschenke sind 3 cm x 3 cm, 3 cm x 3,5 cm und 1,5 cm x 5 cm groß. Zum Einschneiden des Mobileteils am besten ein Lineal oder Geodreieck® zu Hilfe nehmen.

2 Die Klebelasche des Sterns durch den Schlitz des Mobileteils stecken, umknicken und von unten festkleben. Die Christbaumkugeln am eingezeichneten Punkt mit der Nadel auf grünes Nähgarn auffädeln und in verschiedenen Längen von unten an das Mobileteil kleben.

3 Das Schleifenband um die kleinen Geschenke wickeln und die Enden zu Schleifen binden. Die drei Geschenke in die Mitte der Grundfläche kleben. Das sternförmige Mobileteil unten am äußeren Rand mit Klebstoff einstreichen und auf die runde Grundfläche kleben.

Prinzessin & Pirat

→ ideal für Kinder

KARTENGRÖSSE
Piratenkarte ca. ø 19,5 cm
Prinzessinnenkarte ca. ø 21 cm

MATERIAL PIRATENKARTE
- Motivkarton mit Wassermotiv in Blau, A4
- Motivkarton mit Sandmotiv in Beige, A4
- Tonkarton oder Aquarellkarton in Weiß, A4
- 7 Cent-Münzen in Kupfer
- Acryl-Dekosteine in Rot, 1 x ø 1,5 cm, 2 x ø 8 mm

PRINZESSINNEN-KARTE
- Fotokarton in Braun, A4
- Tonkarton in Gelb, A4
- Tonkarton- oder Aquarellkartonrest in Weiß
- Motivrandschere: Wellen

VORLAGENBOGEN 2A

Piratenkarte

1 Für die Grundfläche einen Kreis mit ø 19,5 cm auf den Motivkarton mit Sandmotiv zeichnen und ausschneiden. Das Mobileteil mit den eingezeichneten Schnittlinien aus Motivkarton mit Wassermotiv zuschneiden (siehe Seite 2). Die restlichen Motive auf weißen Tonkarton oder Aquarellkarton übertragen, aber noch nicht ausschneiden.

2 Das Schiff, die Flagge, den Papagei, die Palmen, den Piraten und die Schatzkiste auf einer Seite mit wasservermalbaren Buntstiften bemalen und die Farben mit einem feuchten Pinsel vermalen (siehe Seite 3). Dann die Motive ausschneiden und auf der anderen Seite ebenfalls bemalen. Beim Schiff sollten dabei die inneren Flächen zwischen den Segeln zum Teil stehen bleiben, da ansonsten die Masten leicht abknicken können. Die Zwischenräume können z. B. blau angemalt werden, damit sie weniger auffallen.

3 Die Cent-Münzen und die Dekosteine als Piratenschatz in die Mitte der Grundfläche kleben. Die Klebelasche des Segelschiffs durch den mittleren Schlitz des Mobileteils stecken, umknicken und von unten festkleben. Die frei hängenden Motive wie auf Seite 3 beschrieben mit Nadel und Faden auffädeln und mit etwas Klebstoff von unten an den inneren Ringen des Mobileteils anbringen. Gut trocknen lassen.

Prinzessin & Pirat

4 Den äußersten Kreis des Mobileteils von unten gut mit Klebstoff bestreichen und auf den Motivkartonkreis mit Sandmotiv kleben.

Prinzessinnenkarte

1 Für die Grundfläche ein 20 cm x 20 cm großes Rechteck aus braunem Fotokarton zuschneiden. Den Rock der Prinzessin (Mobileteil) aus gelbem Tonkarton ausschneiden und die Innenschnitte einschneiden. Die Prinzessin, den Unterrock und die Beine auf weißen Tonkarton oder Aquarellkarton übertragen, aber noch nicht ausschneiden.

2 Die Tanzschritte vom Vorlagenbogen auf die Tanzfläche (Grundfläche) übertragen und mit schwarzem Filzstift nachzeichnen. Zum Ausschmücken können die Tanzschritte noch mit einem Notenschlüssel und einigen Noten ergänzt werden. Den Rock (Mobileteil) mit goldfarbenem Buntstift verzieren. Dazu auf den ersten und den vierten Ring von außen kleine Bögen malen.

3 Die Prinzessin und die Beine mit wasservermalbaren Buntstiften bemalen. Die Farben mit einem feuchten Pinsel vermalen, dann die Prinzessin und die Beine ausschneiden und von der anderen Seite ebenso bemalen. Den Unterrock ausschneiden und entlang der Saumkante mit der Motivrandschere nachschneiden, damit er einen schönen Wellenrand bekommt.

4 Die Klebelasche der Prinzessin durch den Schlitz in der Mitte des Rockteils stecken, umknicken und von unten festkleben. Die Beine mit Nähgarn an den Unterrock hängen und den Unterrock an zwei Fäden rechts und links des Schlitzes von unten am Mobileteil aufhängen (siehe Seite 3). Das Mobileteil an den eingezeichneten Klebeflächen (kleine Quadrate) auf die Tanzfläche kleben.

Tipp: Die Prinzessin sieht auch mit einem rosafarbenen Kleidchen, das mit kleinen glitzernden Strasssteinen besetzt oder mit silberfarbenem Glitter dekoriert ist, sehr hübsch aus.

DIESES BUCH ENTHÄLT 2 VORLAGENBOGEN

Hilfestellung zu allen Fragen, die Materialien und Bastelbücher betreffen: Frau Erika Noll berät Sie. Rufen Sie an: 05052/911858*

*normale Telefongebühren

IMPRESSUM

FOTOS: frechverlag GmbH, 70499 Stuttgart; Susanne Wicke (S. 2/3), Fotostudio Ullrich & Co., Renningen (restliche Bilder)
DRUCK: frechdruck GmbH, 70499 Stuttgart

Auflage: 5. 4. 3. 2. 1.
Jahr: 2012 2011 2010 2009 2008 [Letzte Zahlen maßgebend]

ISBN 978-3-7724-3674-1
Best.-Nr. 3674